은근히 이상하고 엄청난 파충류

크리스티나 반피 글
로셀라 트리온페티 그림
김시내 옮김

보랏빛소 어린이

차례

들어가며	4
동부뱀목거북	6
늑대거북	8
갈라파고스땅거북	9
악어거북	10
중국자라	12
푸른바다거북	13
킹코브라	14
악질방울뱀	15
가터뱀	16
마다가스카르잎코덩굴뱀	18
검은맘바	19
동부산호뱀	20
가봉북살무사	22
뿔살무사	23
사막뿔살무사	24
노란배바다뱀	25
그린아나콘다	26
공비단뱀	28
날도마뱀	30
빨간눈갑옷도마뱀	32

북아프리카가시꼬리도마뱀	33
잭슨카멜레온	34
녹색이구아나	36
유럽잎가락도마뱀붙이	37
바다이구아나	38
나미브물갈퀴도마뱀붙이	40
아르마딜로갑옷도마뱀	41
녹색아놀도마뱀	42
멕시코지렁이도마뱀	44
무지개아가마	46
바실리스크도마뱀	48
유럽무족도마뱀	49
아메리카독도마뱀	50
코모도왕도마뱀	52
투아타라	54
미시시피악어	56
안경카이만	58
가비알	59
나일악어	60
바다악어	62

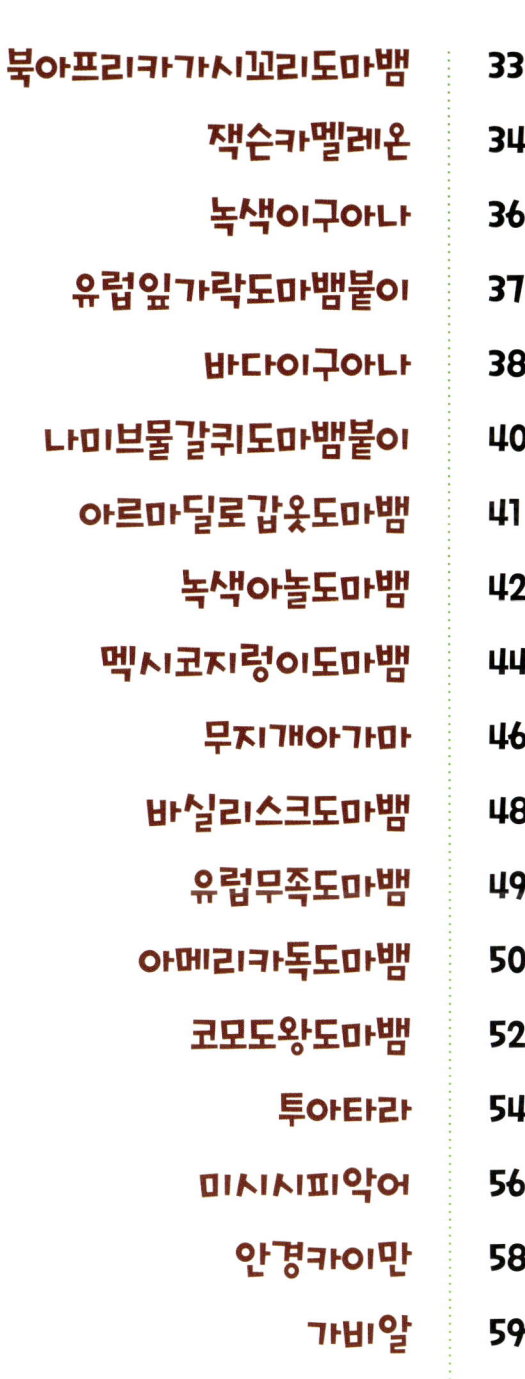

들어가며

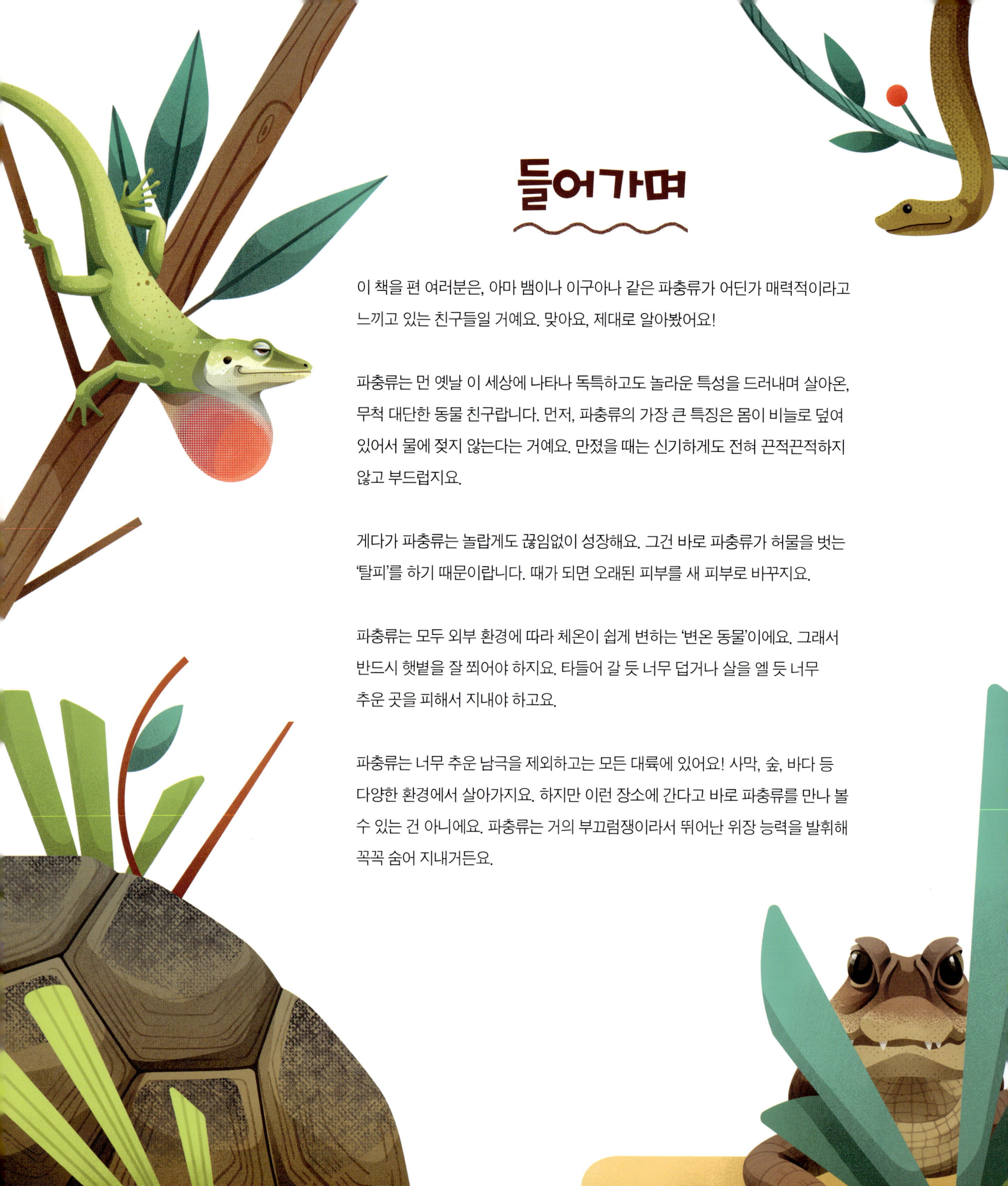

이 책을 편 여러분은, 아마 뱀이나 이구아나 같은 파충류가 어딘가 매력적이라고 느끼고 있는 친구들일 거예요. 맞아요, 제대로 알아봤어요!

파충류는 먼 옛날 이 세상에 나타나 독특하고도 놀라운 특성을 드러내며 살아온, 무척 대단한 동물 친구랍니다. 먼저, 파충류의 가장 큰 특징은 몸이 비늘로 덮여 있어서 물에 젖지 않는다는 거예요. 만졌을 때는 신기하게도 전혀 끈적끈적하지 않고 부드럽지요.

게다가 파충류는 놀랍게도 끊임없이 성장해요. 그건 바로 파충류가 허물을 벗는 '탈피'를 하기 때문이랍니다. 때가 되면 오래된 피부를 새 피부로 바꾸지요.

파충류는 모두 외부 환경에 따라 체온이 쉽게 변하는 '변온 동물'이에요. 그래서 반드시 햇볕을 잘 쬐어야 하지요. 타들어 갈 듯 너무 덥거나 살을 엘 듯 너무 추운 곳을 피해서 지내야 하고요.

파충류는 너무 추운 남극을 제외하고는 모든 대륙에 있어요! 사막, 숲, 바다 등 다양한 환경에서 살아가지요. 하지만 이런 장소에 간다고 바로 파충류를 만나 볼 수 있는 건 아니에요. 파충류는 거의 부끄럼쟁이라서 뛰어난 위장 능력을 발휘해 꼭꼭 숨어 지내거든요.

여기서 끝이 아니에요. 파충류는 보통 알에서 태어나는데, 성별이 알 시절 온도에 따라 결정되기도 한답니다. 참 신기하지요? 바다거북, 악어, 몇몇 도마뱀이 여기에 해당해요. 한편, 알을 낳지 않는 파충류도 있어요! 유럽무족도마뱀의 새끼는 알에서 부화한 상태로 어미 몸에서 나오고, 태어나자마자 혼자서 환경에 적응한답니다.

이 밖에도 세상에는 흥미진진한 파충류 친구들이 가득해요. 물 위를 걷거나 공중을 나는 파충류도 있고, 외딴섬에 사는 탓에 사람들에게 잘 알려지지 않은 파충류도 있어요. 무시무시한 파충류도 잔뜩 있답니다. 아주 뾰족한 이빨을 지닌 건 기본이고 치명적인 독을 감춘 파충류나, 먹잇감을 칭칭 감아 질식시키는 파충류 등 다양하지요.

이 책을 통해 세상의 다양한 파충류의 엄청난 습성과 생김새를 살펴보고, 파충류에 관한 온갖 신기하고 재미난 사실들을 알아가 보아요!

동부뱀목거북

호주 동부에는 땅과 물을 왔다 갔다 하는 동부뱀목거북이 있어요. 온종일 웅덩이 바닥에 있는 별난 **거북**이지요. 가뭄이 들면 나뭇잎 더미에 들어가 **동면**에 들고는 비가 내리는 **우기**를 기다린답니다.

이 거북은 **목**이 뱀처럼 **길어요**. 그 덕에 물속에서 수면 위로 쉽게 고개를 빼고 **호흡**을 할 수 있어요. 긴 목은 **사냥**할 때도 유용해요. 목을 **재빨리** 쭉 빼면서 입을 벌려 먹잇감을 삼킬 수 있거든요. 등딱지에 머리를 넣을 땐 이 긴 목을 구부려야 해요. 목이 길어서 땅에서 다닐 땐 머리를 드는 것이 조금 버거워 보이기도 해요.

동부뱀목거북은 순한 편이지만, 건드리면 사나워져요!

위협을 느끼면 겨드랑이와 사타구니의 분비샘에서 **고약한 냄새를 풍기는 노란 액체**를 뿜어 천적을 쫓아내요.

학명 : 켈로디나 론기콜리스
 (Chelodina longicollis)
식성 : 육식
길이 : 약 25센티미터
서식지 : 습한 민물
수명 : 약 35년
위험도 : 낮음
번식 : 밤이나 비 온 뒤에 알을 낳아요.
 알은 깨지기 쉽지요.

동부뱀목거북은 수면 가까이 목을 빼고 숨을 쉬어요.

기다란 목은 등딱지 길이의 절반가량이나 돼요!

늑대거북

수풀 많은 **작은 호수**에 가면 늑대거북을 만날 수도 있어요. 늑대거북이 수풀에 숨어 먹잇감을 사냥하기 좋고, 즐겨 먹는 수생 식물도 풍부한 환경이라면요. 늑대거북은 주로 **물속**에서 지내지만, 햇볕을 쬐며 **몸을 덥히거나 알을 낳을 때** 땅으로 올라온답니다.

학명 : 켈리드라 세르펜티나 (Chelydra serpentina)
식성 : 잡식
길이 : 약 50센티미터
서식지 : 민물 또는 바다
수명 : 약 30년
위험도 : 중간
번식 : 물에서 멀리 떨어지지 않은 곳에 구멍을 파고, 그 속에 알을 20~30개 낳아요.

늑대거북은 이빨은 없지만, 입 끝이 뾰족한 **부리** 같아요.

이렇게 튼튼한 입으로 순식간에 아주 세게 물 수 있어요.
거대한 늑대거북에게 손가락을 물리면 다칠 거예요!

늑대거북은 무리 짓지 않고 혼자 다녀요. 늑대거북에게 접근하면 콱 물려고 덤빌 테니 조심하세요!

갈라파고스땅거북

갈라파고스땅거북은 **400킬로그램**이 넘을 정도로 거대하지만, 성질은 순한 친구예요. 이름의 뿌리가 된 **갈라파고스 제도**의 물웅덩이에서 햇볕을 쬐며 느릿느릿 평화롭게 살아가지요.

커다랗고 둥근 **등딱지**는 두껍고 무거워 보이지만, 사실 이 거북에게는 무겁지 않아요. 등딱지가 벌집 구조여서 무게를 분산하는 데다, **다리**가 굵어 몸을 충분히 떠받치거든요.

학명 : 켈로노이디스 니그라 (Chelonoidis nigra)
식성 : 초식
길이 : 약 1.8미터
서식지 : 갈라파고스 제도
수명 : 약 100년
위험도 : 낮음
번식 : 모래를 파서 구멍을 만들고, 그 속에 골프공만 한 알을 낳아요.

먹이로는 백년초를 가장 좋아하고, 다른 과일뿐만 아니라 꽃과 잎사귀, 약초까지 먹어요. 먹잇감이 아무리 질겨도 턱이 억세서 **이빨이 없어도** 쉽게 끊어 먹지요.

신기하게도 최대 1년간 아무것도 먹거나 마시지 않고도 살 수 있어요.

악어거북

악어거북은 평생 거의 **물속에서** 지내요. 주로 가파른 강기슭의 **깊은 물속**에 살지요. 하지만 호수나 늪에서도 종종 발견돼요. 이 거북은 최대 **20분** 동안 잠수할 수 있어요! 또한, 뛰어난 **위장** 실력 덕분에 호수 바닥에 있으면 잘 보이지 않는답니다.

학명 : 마크로켈리스 템민키이 (Macrochelys temminckii)
식성 : 육식
길이 : 약 100센티미터
서식지 : 습한 민물
수명 : 확실하지 않음
위험도 : 중간
번식 : 땅에서 알을 최대 100개까지 낳아요.

이름에 '악어'가 붙은 이유는 커다란 머리와 억센 턱을 보면 알 수 있어요. 특히, 등딱지가 악어 피부처럼 불룩불룩 튀어나와 있지요.

악어거북은 턱의 힘이 무척 세요!

흠…

두 거북 종의 무게 비교

악어거북	갈라파고스땅거북
약 100킬로그램	약 400킬로그램

혀끝에는 긴 **벌레처럼 생긴** 살덩어리가 있는데, 주로 **먹이**를 잡는 데 이용해요. 물결에 흔들리는 이 부위를 먹잇감으로 착각한 물고기가 다가오면 **순식간에** 삼킨답니다.

중국자라

물갈퀴 달린 발과 **미끈한 등딱지**. 이 특징은 중국자라가 주로 **물**에서 지낸다는 걸 드러내요. 모래나 흙이 깔린 강 또는 **호수** 근처에 살면서 하루 대부분을 바닥에 숨어 지내지요.

학명	펠로디스쿠스 시넨시스 (Pelodiscus sinensis)
식성	육식
길이	등딱지 기준 15~30센티미터
서식지	민물
수명	약 20~30년
위험도	낮음
번식	축축한 땅에 알을 최대 30개 낳아요.

중국자라의 등딱지는 다른 거북처럼 불룩하게 튀어나온 곳 없이 아주 **매끄러운 가죽** 같은 피부로 덮여 있어요. 이런 등딱지를 지니면 헤엄치기 쉽지만, 상처가 잘 날 수도 있어요.

중국자라는 코의 모양이 코끼리 코끝을 닮았어요. 작은 스노클처럼 보이기도 하지요. 그래서 코만 수면 위로 내밀고 숨을 쉴 수 있어요.

푸른바다거북

여느 바다거북처럼 푸른바다거북은 **땅**에서는 **느릿느릿** 움직이고, **물속**에서는 **자유롭게** 헤엄쳐요. **미끈한** 등딱지와 오리발처럼 생긴 발을 타고난 수영 선수지요.

학명 : 켈로니아 미다스(Chelonia mydas)
식성 : 잡식(어릴 때), 초식(성체일 때)
길이 : 약 1.2미터
서식지 : 열대 및 아열대 바다
수명 : 약 80년
위험도 : 낮음
번식 : 2~4년마다 해변에 구멍을 파고, 그 속에 알을 낳아요.

푸른바다거북의 **넓은 등딱지**는 갈색을 띠면서도, 등딱지 밑에 있는 녹색 지방 때문에 녹색으로 보이기도 해요. 한편, 배를 감싼 껍데기는 노란색을 띠어요.

푸른바다거북은 아주 긴 거리를 헤엄쳐 나아가요. 2,600킬로미터를 훌쩍 넘겨서 이동할 수도 있지요.

평소에는 시속 3킬로미터로, 급할 땐 시속 35킬로미터까지 속도를 올려 헤엄친답니다.

킹코브라

킹코브라는 **이 세상에서 가장 커다란 독사**라는 별명을 지녔어요. 주로 다른 뱀을 먹고 사는데, 독이 있는 뱀까지도 잡아먹을 수 있어요!

학명 : 오피오파구스 한나
  (Ophiophagus hannah)
식성 : 육식
길이 : 약 5.5미터
서식지 : 아시아 열대 숲
수명 : 약 20년
위험도 : 높음
번식 : 낙엽을 모아 만든 보금자리에 알을 낳고, 암컷과 수컷 모두 알을 지켜요.

그건 킹코브라가 몸을 높이 들어 다른 뱀보다 높은 위치에서 공격할 수 있기 때문이에요. 몸의 3분의 1에 해당하는 약 **1.5미터**를 수직으로 들지요.

1센티미터에 이르는 **뾰족한 독니** 두 개를 먹잇감에 꽂아 **강력한 독**을 주입하고, 독에 마비된 먹잇감을 잡아먹는답니다.

킹코브라는 목덜미 양쪽에 '후드'라는 피부 막이 있어요. 위협을 느낄 땐 이 후드를 넓게 펼치고 쉭쉭 소리를 크게 내며 경계해요.

악질방울뱀

악질방울뱀은 **다양한 환경**에 적응해 살아가요. 평원, 숲, 해안, 사막은 물론 암석 지역에도 있지요. 꼬리의 줄무늬가 라쿤 꼬리를 닮아, 이 뱀이 많은 미국에서는 '쿤테일 방울뱀(Coontail rattler)'으로 불리기도 해요.

줄무늬가 난 꼬리 끝에는 **방울**처럼 **큰 소리**를 내는 **각질**이 **고리** 모양으로 연결되어 있어요. 이 각질은 악질방울뱀이 **허물을 벗을 때**마다 하나씩 늘어나고, 속이 비어 있어 꼬리를 움직일 때마다 여기서 소리가 나요. 악질방울뱀은 **1초에 60번** 넘게 꼬리를 흔들며 확실하게 **경고음**을 울리지요.

- 학명 : 크로탈루스 아트록스 (Crotalus atrox)
- 식성 : 육식
- 길이 : 약 1.5미터
- 서식지 : 관목 숲
- 수명 : 약 25년
- 위험도 : 높음
- 번식 : 어미 몸속에서 부화한 상태로 태어나는 난태생을 해요. 3~5시간에 걸쳐 새끼 10~20마리가 태어나지요.

각질 고리

양쪽 콧구멍 밑에는 '피트'라는 **작게 옴폭 파인 부위**가 있어요. **열에 민감한** 기관으로, 온도 차이를 감지해서 **맛있는 먹잇감**인 온혈 동물이 주위에 있는지 여부를 파악하도록 도와요.

가터뱀

가터뱀은 **북아메리카**에서 흔히 볼 수 있는 파충류로, **물가**에서 사는 걸 무척 좋아해요. 몸통이 대체로 **어두운 빛깔**인 반면, **밝은 색깔의 띠**가 세 줄로 길게 나 있는 모습이에요. 가터뱀은 약한 독이 있지만, 가터뱀의 독은 인간에게는 위험하지 않아요.

학명 : 탐노피스 시르탈리스(Thamnophis sirtalis)
식성 : 육식
길이 : 약 1.35미터
서식지 : 초원, 숲, 습지 등
수명 : 약 6년
위험도 : 낮음
번식 : 난태생을 해요. 새끼를 한배에 최대 80마리까지 낳지요.

너무 **추운** 혹독한 겨울이 찾아오면, 가터뱀은 빈터나 주인 없는 굴에서 **동면**을 청해요.

평상시에는 혼자서 지내지만, 동면할 때는 최대 **수백 마리**나 되는 다른 가터뱀과 함께해요. 살아남는 데 필요한 최소 **온도**를 확보하기 위해 서로 한데 뒤엉킨 채 잠이 들지요.

가터뱀의 다양한 줄무늬

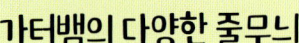

여기서는 몇 가지만 소개할게요.

마다가스카르 잎코덩굴뱀

학명 : 란가하 마다가스카리엔시스
    (Langaha madagascariensis)
식성 : 육식
길이 : 약 1미터
서식지 : 숲
수명 : 확실하지 않음
위험도 : 중간
번식 : 알을 최대 10개 낳아요.

마다가스카르 잎코덩굴뱀은 주둥이가 **독특한** 모양이에요. 수컷은 주둥이 **끝이 날카롭고**, 암컷은 **잎사귀 모양**이지요. 그 덕에 나뭇잎 사이에 숨어 사냥을 한답니다.

마다가스카르의 몇몇 숲에서 살아가고, 땅에서 **2미터** 이상 떨어진 높이의 나뭇가지에 오른 채 가느다란 몸을 숨기며 지내요. 땅을 다니는 건 썩 좋아하지 않고, **나뭇가지**에 매달려 휴식을 취하지요.

다른 많은 뱀들처럼 이 뱀도 **독**이 있지만, 공격적이지는 않아요. 자극을 받을 때만 반응하지요. 만약 이 뱀에게 물리면 무척 아프겠지만 생명에 지장은 없어요.

검은맘바

검은맘바는 **아프리카 사바나**에 사는 뱀이에요. **맹독**을 품고 있는 데다 의외로 **날쌔기까지** 하답니다. 놀라운 속도로 꿈틀거리며 나아갈 수 있지요. 도망칠 때의 속도는 최대 **시속 19킬로미터**에 이르는데, 이는 닭보다 빠른 속도예요!

이름과 달리 피부가 검지는 않고, 회색이랍니다. 검은 건 오히려 **입속**이지요. 검은맘바가 입을 크게 벌려 검은 입속을 보여 주는 건 확실한 경고 표시예요. 당장 떨어지지 않으면 공격하겠다는 뜻이지요!

검은맘바는 한번 공격하면, **커다랗게 쉭쉭 소리를 내며** 상대를 끝까지 쫓아가 **몇 번이고 문답니다.** 공격성이 매우 높아 가까이 가서는 안 되지요.

- 학명 : 덴드로아스피스 폴리레피스
  (Dendroaspis polylepis)
- 식성 : 육식
- 길이 : 약 4미터
- 서식지 : 초목이 우거진 사바나
- 수명 : 약 10년
- 위험도 : 높음
- 번식 : 따뜻하고 축축한 구멍에 알을 최대 15개까지 낳고는 잘 돌보지 않아요.

한 번 물 때마다 독니에서 조금씩 독이 나오는데, 독이 워낙 강해서 두 방울이면 사람 한 명의 목숨을 앗아 갈 수 있어요.

동부산호뱀*

★ 영문명 'Eastern Coral Snake'를 그대로 번역해 표기했습니다.

학명 : 미크루루스 풀비우스(Micrurus fulvius)
식성 : 육식
길이 : 약 76센티미터
서식지 : 숲
수명 : 약 7년
위험도 : 높음
번식 : 5~6월에 알을 5~7개 낳아요.
두 달 뒤에 부화한 새끼는 이미 독을 품고 있지요.

동부산호뱀은 **선명한 몸 색깔**을 내보이며 스스로 **맹독**을 품고 있다는 사실을 분명히 드러내요. 코브라와 맘바의 친척이고, **미국 남동부**라면 거의 어디서든 볼 수 있지요. 낮에는 주로 땅속이나 나뭇잎 더미에 숨어 지낸답니다.

위험하기로 악명이 높아서인지 독이 없는 뱀들도 동부산호뱀의 생김새를 많이들 **흉내내요**. 그러나 진짜 동부산호뱀을 구별하는 **방법**이 있지요.
첫째, 동부산호뱀은 **몸 전체**에 빨간색 띠가 있어요. 심지어 배에도요.
둘째, **빨간색** 띠 옆에 항상 **노란색** 띠가 있어요. 독이 없는 흉내쟁이 뱀들은 빨간색 띠 옆에 검은색 띠가 있고요. 참 쉽죠?

동부산호뱀은 위협받으면 돌돌 만 몸통 사이로 머리를 숨겨요. 그리고 꼬리를 말아 올리는 동시에 방귀 같은 희한한 소리를 낸답니다.

가봉북살무사

가봉북살무사는 이름의 유래가 된 '가봉'이라는 나라를 포함해 아프리카 곳곳 숲속에 살고 있어요. '가분살무사'라고도 불리지요.

이 뱀은 마른 잎사귀 사이에 숨어서 조금도 **꼼짝하지 않아요**. 기다랗고 거대하기까지 한 이 뱀을 마주쳤을 땐 이미 늦은 거예요. 곧바로 **5센티미터**나 되는 **송곳니**로 깨물어 강력한 **독**을 내뿜을 테니까요.

- 학명 : 비티스 가보니카(Bitis gabonica)
- 식성 : 육식
- 길이 : 약 2미터
- 서식지 : 열대 우림
- 수명 : 약 18년
- 위험도 : 높음
- 번식 : 난태생으로, 한배에 새끼를 최대 60마리까지 낳아요.

등에는 **갈색, 보라색 등이 어우러진** 마름모와 **분홍색**의 띠가 이어져 있어요. 이런 무늬 덕분에 **위장**하기에 유리하지요. 게다가 넓고 평평한 삼각형 머리는 **낙엽**을 똑 닮았답니다.

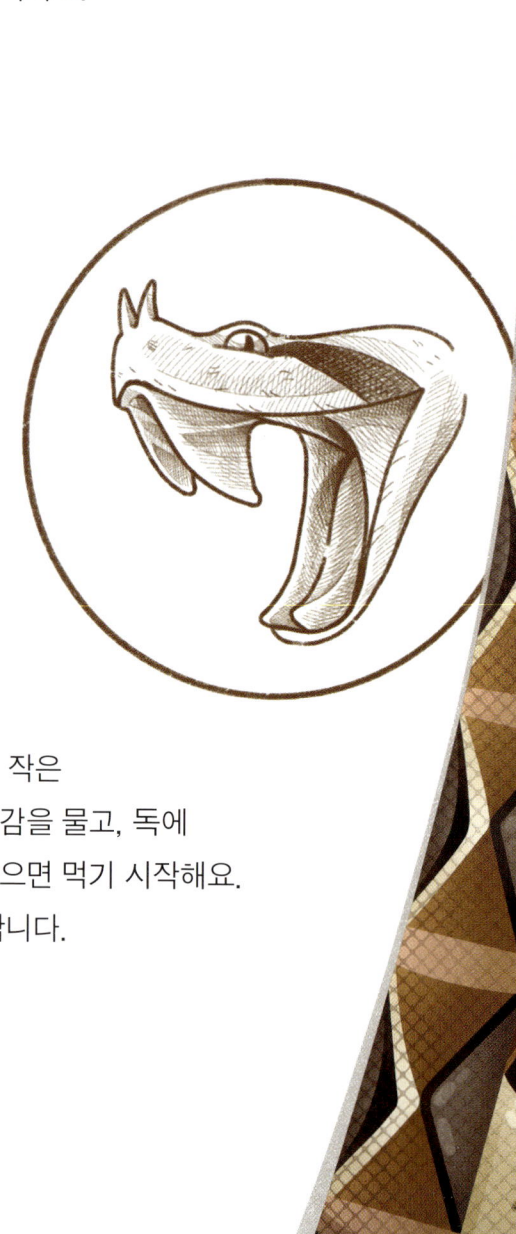

무리 짓지 않고 혼자 살며, **야행성**이라서 해가 진 뒤에 사냥을 시작해요. 다람쥐와 쥐뿐만 아니라 작은 영양까지도 잡아먹지요. 일단 먹잇감을 물고, 독에 마비된 먹잇감이 더는 움직이지 않으면 먹기 시작해요. 독은 **소화**가 잘 되도록 돕기도 한답니다.

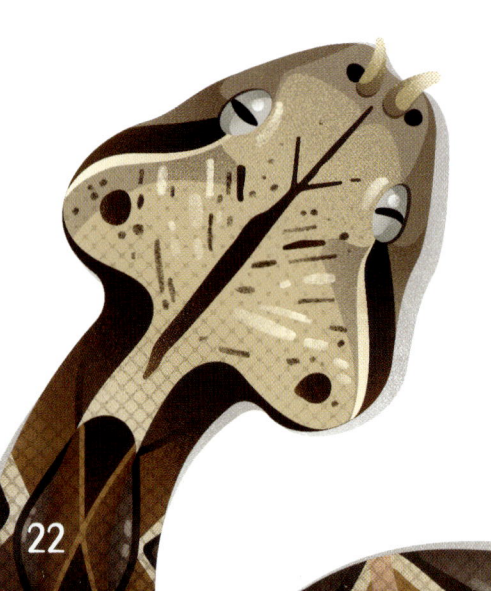

뿔살무사

- 학명 : 비페라 암모디테스 (Vipera ammodytes)
- 식성 : 육식
- 길이 : 약 90센티미터
- 서식지 : 수풀이 드문드문 난 건조 지역
- 수명 : 확실하지 않음
- 위험도 : 중간
- 번식 : 난태생을 해요. 새끼를 보통 6~8마리 낳지만, 20마리까지도 낳을 수 있지요.

뿔살무사는 항상 **볕이 가장 잘 드는 곳**을 찾아다니고, 열을 쉽게 흡수할 수 있는 **암석** 지대를 무척 좋아해요. **유럽에서 가장 위험한 뱀**이지만, 다행히도 사람 앞에 잘 나서지 않아서 마주칠 일은 별로 없답니다.

이 뱀은 코끝에 솟은 5밀리미터가량의 **작은 '뿔'**로 금방 알아볼 수 있어요. 자그마한 비늘에 덮인 부드럽고 유연한 조직이지요. 등 무늬는 특이하게도 **지그재그** 모양이랍니다.

겨울이 찾아오면, 바위 사이에 난 구멍을 찾아 **동면**에 들어요. **봄**이 돌아오면, 수컷이 먼저 깨어나 암컷이 깨기를 기다렸다가 짝짓기를 시도해요.

뿔

사막뿔살무사

사막뿔살무사는 **북아프리카**와 **중동**의 사막 지역에 널리 살아가지만, 발견하기 쉽진 않아요. 따가운 햇볕을 피하거나 먹잇감을 습격하기 위해 재빨리 모래 속으로 들어가 낮 동안 **숨어 지내거든요**.

머리에는 가시처럼 생긴 작은 **뿔**이 **두 개** 솟아 있어요. 일부 과학자들에 따르면, 이 뿔 덕분에 계속 날리는 모래로부터 눈을 보호할 수 있다고 해요.

뿔은 다른 물체에 닿으면 뒤로 구부러져요. 그래서 좁은 굴에서도 시야를 가리지 않아요.

가시처럼 생긴 뿔이 두 개 있어요.

학명 : 케라스테스 케라스테스 (Cerastes cerastes)
식성 : 육식
길이 : 약 60센티미터
서식지 : 사막
수명 : 약 18년
위험도 : 높음
번식 : 구멍이나 주인 없는 굴에 알을 낳아요.

어디론가 이동할 땐 실제로 가려는 방향을 보는 동시에 **몸을 좌우로 구부리며 꿈틀꿈틀 가로질러 가요.** 가려는 방향은 따로 있지만, 마치 다른 곳을 향하는 것처럼 눈속임하는 거랍니다.

노란배바다뱀

노란배바다뱀은 전 세계 **따뜻한 바다**에 널리 퍼져 있고, 평생 물속에서 지내요.

파도처럼 꿈틀거리며 아주 빠르게 **헤엄치고**, 머리를 물 밖으로 내민 상태로 헤엄치기도 해요. 반면에 땅에서는 전혀 움직일 수 없어요.

학명 : 펠라미스 플라투라 (Pelamis platura)
식성 : 육식
길이 : 약 110센티미터
서식지 : 열대 및 아열대 바다
수명 : 약 2년
위험도 : 높음
번식 : 난태생을 해요. 새끼는 2~6마리 태어나고, 태어난 날부터 사냥하기 시작하지요.

등 쪽은 검은색, 배 쪽은 노란색을 띠어요.

몸통을 따라 작고 부드러운 **비늘**이 있고, 등과 배 색깔이 눈에 띄게 달라요. 등은 **검은색**, 배는 **노란색**이지요. 마치 물 젓는 노처럼 생긴 꼬리엔 **노란색 바탕에 검은색 무늬**가 불규칙적으로 있답니다.

허물을 벗을 땐 몸을 계속 돌돌 말면서 비틀어요. 이렇게 비틀면 허물이 조금씩 헐거워진답니다. 다 벗기까지 몇 시간이나 걸릴 때도 있지요.

몸을 비트는 이런 행동으로 몸에 붙은 해조류를 떼어 낼 수도 있어요.

그린아나콘다

남미에 사는 그린아나콘다는 **이 세상에서 가장 큰 뱀**이라고 할 만해요. 가까운 친척인 **그물무늬비단뱀**과 비교하면, 길이는 조금 짧아도 몸통이 지름 **30센티미터** 이상이라 두 배나 더 무겁거든요. 무게는 최대 **230킬로그램**이 넘지요.

등을 감싼 부드러운 **진녹색** 피부 위로는 타원 모양을 한 **갈색** 점이 나 있어요. 점은 배에 가까워질수록 점점 **노란색**을 이룬답니다.

물을 꽤나 좋아하는 그린아나콘다는 물속에서 무척 우아하게 움직여요. 눈과 콧구멍이 머리 윗부분에 있어서 아주 오랫동안 거의 **물에 잠긴 채** 지낼 수 있어요.

학명 : 에우넥테스 무리누스
 (Eunectes murinus)
식성 : 육식
길이 : 약 12미터
서식지 : 열대 우림의 민물
수명 : 약 10년
위험도 : 높음
번식 : 난태생을 해요. 새끼를 한배에
 최대 35마리까지 낳을 수 있지요.

그물무늬비단뱀

독이 없는 대신, 거대하고 탄탄한 몸으로 먹잇감을 칭칭 감아 질식시킨 다음 먹는답니다.

탄력적인 인대로 연결된 독특한 턱 구조 덕분에, 아무리 큰 먹잇감도 한입에 통째로 삼킬 수 있어요.

공비단뱀

공비단뱀은 **커다랗지만**, 인간에게 위협적이지는 않아요. 주로 쥐와 같은 설치류를 먹는데, 먹는 양이 상당하답니다. 쥐가 개체를 늘릴 틈이 없어서 작물에 입히는 피해도 줄어들어 농부들에게 무척 도움이 되기도 하죠.

위협을 느낄 땐 머리를 가운데에 두고 몸을 **공처럼 말아서** 머리를 보호해요. 그래서 공비단뱀이라고 불리지요.

먹잇감을 감아서 질식시킨 다음 먹는 습성이 있어요.

암컷은 **똬리를 틀어서 그 안에 알을 두고 품어요.** 알을 잘 품지 않는 파충류 세계에서는 **보기 드문** 풍경이지요.

알은 끈끈한 편이라 사랑으로 품어 주는 어미 품에서 좀처럼 튕겨 나갈 일이 없어요. **부화할 때까지 알끼리 서로 딱 붙어 있답니다.**

학명 : 피톤 레기우스(Python regius)
식성 : 육식
길이 : 약 1.8미터
서식지 : 초목이 우거진 사바나
수명 : 약 10년
위험도 : 중간
번식 : 알을 3~8개 낳고, 두 달 동안 알을 품어요.

암컷 공비단뱀이 알을 품고 있어요!

날도마뱀

동남아시아 열대 **우림**에는 땅 위를 걷기보다 주로 **공중**을 나는 날도마뱀이 있어요. 나무 사이를 미끄러지듯 나는 것이 이 도마뱀의 주된 기술이죠. 이 기술을 이용해 천적으로부터 도망치기도 하고, 먹잇감이나 짝을 찾아다니기도 하지요.

학명 : 드라코 볼란스(Draco volans)
식성 : 곤충류
길이 : 최대 21센티미터
서식지 : 아시아 열대 우림
수명 : 확실하지 않음
위험도 : 낮음
번식 : 암컷이 주둥이로 땅에 구멍을 파고, 그 속에 알을 낳아요. 딱 하루만 알을 매섭게 지키고는 모든 걸 운명에 맡긴 채 떠나지요.

날도마뱀은 **가늘고 길쭉한 갈비뼈** 사이사이가 날개 막으로 덮여 있어요. 이 갈비뼈를 움직여 날개를 펴고 나는 거랍니다.

날지 않을 때는 갈비뼈를 **몸통**에 나란히 붙이고 있다가, **날개**처럼 **펼쳐서**는 최대 60미터까지 날아다닐 수 있지요!

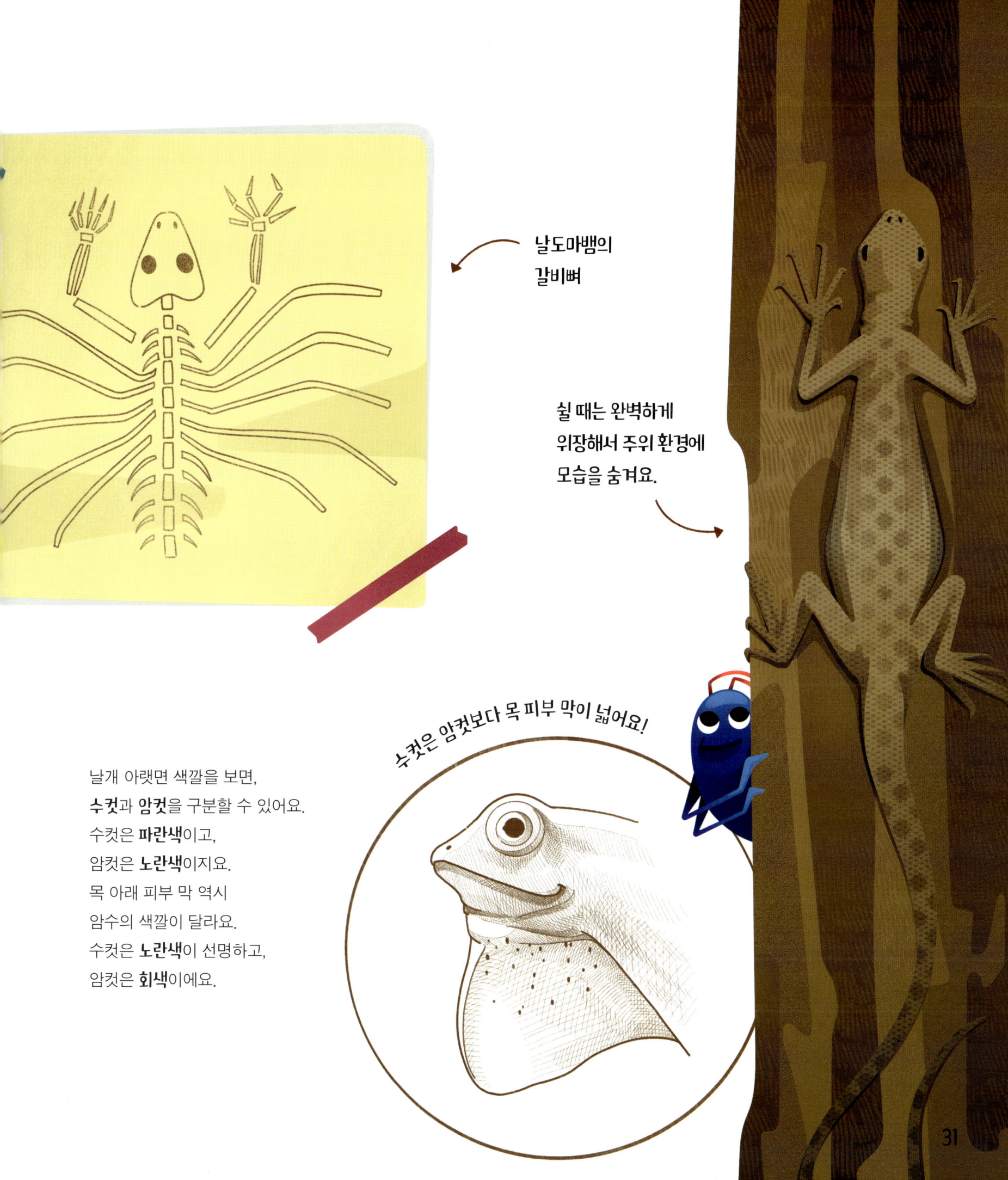

날도마뱀의 갈비뼈

쉴 때는 완벽하게 위장해서 주위 환경에 모습을 숨겨요.

수컷은 암컷보다 목 피부 막이 넓어요!

날개 아랫면 색깔을 보면,
수컷과 **암컷**을 구분할 수 있어요.
수컷은 **파란색**이고,
암컷은 **노란색**이지요.
목 아래 피부 막 역시
암수의 색깔이 달라요.
수컷은 **노란색**이 선명하고,
암컷은 **회색**이에요.

빨간눈갑옷도마뱀

빨간눈갑옷도마뱀은 **투구**를 쓰고 **갑옷**을 두른 것처럼 생겼어요. **먼 옛날 공룡**을 닮은 것 같기도 하지요. 눈 주위의 **주황색** 피부 때문에 더욱 독특한 모습이에요. 하지만 아주 작은 소리에도 몸을 숨겨서 자연에서는 발견하기 어렵답니다.

영어로는 '빨간눈악어도마뱀'이라고도 하는데, 이 친구와 악어는 어떤 공통점을 가지고 있을까요?

크기도 이빨도 아닌, 바로 단단하고 **두꺼운 피부**예요. 악어처럼 온몸의 피부가 뾰족한 **비늘**로 덮여 있고, 등 위로는 뿔처럼 돋은 '**판**'이 쭉 솟아 있지요.

학명 : 트리볼로노투스 그라킬리스
(Tribolonotus gracilis)
식성 : 곤충류
길이 : 약 25센티미터
서식지 : 습한 민물
수명 : 약 12년
위험도 : 낮음
번식 : 잎사귀 밑에 커다란 알을 딱 하나만 낳고 며칠간 지켜요.

빨간눈갑옷도마뱀은 싸움을 피하는 편이에요. 위협을 느낄 땐 개 짖는 소리와 비슷한 **소리**를 내어 상대를 쫓아낸답니다.

그래도 여전히 위협에서 벗어나지 못하면, 꼬리를 잘라 내고 쓰러져 죽은 척해요.

북아프리카 가시꼬리도마뱀

학명 : 우로마스틱스 아칸티누라
(Uromastyx acanthinura)
식성 : 잡식
길이 : 약 40센티미터
서식지 : 암석이 있는 사막
수명 : 약 20년
위험도 : 낮음
번식 : 1년에 두 번 알을 낳고,
굴 가까이에 숨겨요.

뾰족하고 독특한 꼬리가 특징인 이 **도마뱀**은 척박한 사막 환경에서도 잘 살아남아요. 뜨거운 낮 동안 활발히 돌아다니며 **아주 적은 물**로도 생명을 유지하지요. 기온이 **섭씨 40도**가 넘어도 햇볕을 쬐곤 한답니다.

해가 질 때쯤엔 **3~4미터** 깊이의 **땅굴** 속 보금자리로 돌아가요. 잠을 잘 때는 거칠고 두툼한 꼬리를 입구에 두고 자리를 잡아요. 맛있는 먹잇감을 찾는 천적의 사냥 의욕을 꺾기 위해서랍니다.

그런데도 천적의 공격을 받는다면 발톱으로 굴 벽을 단단히 붙잡으며 버텨요.

잭슨카멜레온

잭슨카멜레온은 나뭇가지를 타고 다니며 **시각**에 기대어 먹잇감과 천적을 모두 찾아내요.

양쪽 눈이 따로따로 움직여서 **시야각이 360도에 달하거든요.** 한쪽 눈으로는 먹잇감을 찾고, 다른 한쪽 눈으로는 주변을 살피며 천적의 공격에 대비할 수 있답니다.

한편, 잭슨카멜레온 수컷은 코에 하나, 눈 위에 두 개의 독특한 뿔이 있어요.

학명 : 트리오케로스 잭스니(Trioceros jacksonii)
식성 : 곤충류
길이 : 약 30센티미터
서식지 : 산악 지대
수명 : 약 3년
위험도 : 낮음
번식 : 난태생을 하며, 6개월 넘게 뱃속에 품고 있던 새끼 한 마리를 낳아요. 주로 아침에 나뭇가지 위에서 낳지요.

아주 끈끈하고 기다란 혀를 재빨리 움직여 먹이를 잡아요.

프레데릭 존 잭슨

잭슨 카멜레온의 이름은 19세기 영국 유명 동식물학자이자 평생에 걸쳐 몇 번이나 **아프리카**에 다녀온 **프레데릭 존 잭슨**에서 유래했어요.

잭슨카멜레온은 이렇게 양쪽 눈을 따로따로 움직여요!

수컷은 짝을 차지하기 위해 다른 수컷과 **싸워요**. 우선, 입을 크게 벌리고 **피부색**을 화려하게 **바꾸며** 상대 수컷을 위협하지요. 이 방법이 통하지 않을 땐 **머리를 맞대고 싸운답니다**. 뿔을 들이밀며 상대를 나뭇가지에서 밀어 떨어뜨리지요.

수컷의 머리에는 뿔이 세 개 있어요.

녹색이구아나

녹색이구아나는 **숲**에 사는 파충류예요. 포식자를 피해 나무에서 숨어 지내지요. 나뭇잎처럼 보이는 **위장** 색에 더해, 오랫동안 꼼짝하지 않을 수 있는 능력을 갖췄어요. 주로 나무에서 자라는 잎, 꽃, 열매를 먹고 살지요.
이름은 '녹색이구아나'이지만, **기분이나 나이, 건강 상태, 체온**에 따라 몸 색깔이 바뀐답니다.

학명 : 이구아나 이구아나 (Iguana iguana)
식성 : 초식
길이 : 약 1.75미터
서식지 : 중앙아메리카 및 남아메리카 숲
수명 : 약 12년
위험도 : 낮음
번식 : 약 45센티미터 깊이의 보금자리에 알을 낳아요. 여러 암컷이 한 보금자리에서 같이 낳기도 해요.

체온이 **낮은** 아침에는 햇볕을 잘 **흡수**하도록 피부색을 **어둡게** 해요. 그러다 한낮이 되면, 햇볕을 덜 받으려고 피부색을 밝게 바꾸지요.

위험한 상황에 닥치면, 물을 탈출구로 삼아요. 나무에서 몸을 던져 **기다란 꼬리**로 빠르게 헤엄쳐 도망치지요. 육지에서는 긴 꼬리를 **채찍**처럼 휘두르며 천적을 쫓기도 해요.

유럽잎가락도마뱀붙이

유럽잎가락도마뱀붙이는 **도마뱀붙이** 중 가장 작은 편이에요. **통통하고** 부드러운 몸, **투명한** 피부, **기다란** 꼬리를 지니고 있지요. 꼬리는 **끊을 수 있고**, 나중에 다시 자라요. 그러나 꼬리를 한번 끊으면, 다시 자라난 꼬리는 원래 꼬리보다 조금 더 짧고 뭉툭해요.

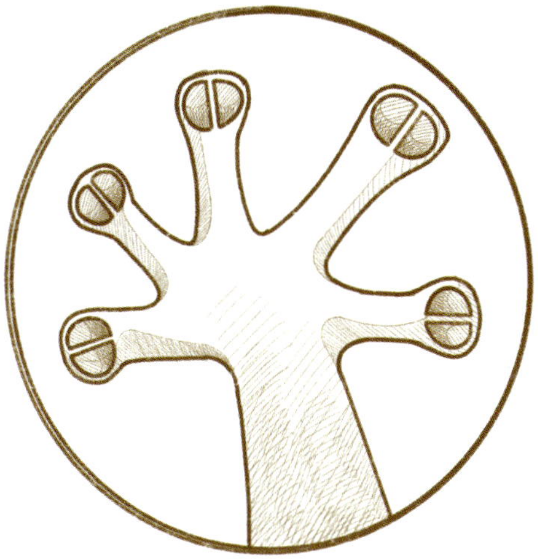

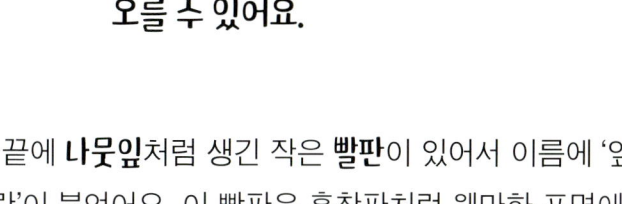

발가락에 빨판이 있어 어디든 척척 오를 수 있어요.

학명 : 에울렙테스 에우로파에아
　　　　(Euleptes europaea)
식성 : 곤충류
길이 : 약 8센티미터
서식지 : 암석이 있는 사막
수명 : 확실하지 않음
위험도 : 낮음
번식 : 바위틈이나 나무껍질 아래에
　　　 알을 두 개 낳아요.

발가락 끝에 **나뭇잎**처럼 생긴 작은 **빨판**이 있어서 이름에 '잎'과 '(발)가락'이 붙었어요. 이 빨판은 흡착판처럼 웬만한 표면에 잘 달라붙어요. 심지어 유리처럼 몹시 미끄러운 곳에도요.

이 도마뱀붙이는 **밤에 활동하는** 편이고, 어둠을 틈타 사냥에 나서요. 커다란 눈의 **동공은 세로** 모양인데, 이 눈으로 먹잇감을 계속 쫓으면서 살금살금 다가가요. 그러다 기회가 오면 순간적으로 **펄쩍 뛰어** 먹잇감을 낚아챈답니다.

바다이구아나

학명 : 암브릴린쿠스 크리스타투스
(Amblyrhynchus cristatus)
식성 : 초식(해조류)
길이 : 약 2미터
서식지 : 갈라파고스 제도 연안
수명 : 약 15년
위험도 : 낮음
번식 : 암컷은 모래를 파고 그 속에 알을 낳은 다음, 모래로 다시 덮어요.

바다이구아나는 **갈라파고스 제도**에서 발견돼요. 뭉툭한 주둥이에 땅딸막한 다리, 등 주변의 뾰족한 **볏**을 지닌 탓에 사나워 보여요. 하지만 알고 보면 매우 온순하답니다.

물속으로 뛰어들 때, 바다이구아나는 소금기 있는 바닷물을 잔뜩 삼켜요.

이때 몸에 들어온 소금은 코에 있는 특별한 샘에 모아 뒀다가, 나중에 재채기하며 내보낸답니다.

이 이구아나는 바다와 떼려야 뗄 수 없어요. 바다에서 **해조류**를 찾아 먹고 살거든요. 뛰어난 수영 실력을 갖춰 **차가운 물** 속에서도 **15미터** 깊이까지 뛰어들어 **한 시간** 넘게 머무를 수 있답니다. 육지에서 지낼 때는 주로 해안가 암석에서 햇볕을 오랫동안 쬐며 몸을 덥히곤 해요.

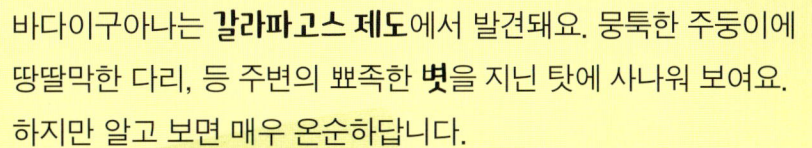

나미브물갈퀴도마뱀붙이

나미브물갈퀴도마뱀붙이는 많은 생명체가 잠드는 깊은 **밤**에 모래 언덕을 혼자 돌아다녀요. 그래야 먹잇감을 기습해 잡을 수 있거든요. 곤충, 거미를 포함한 작은 **무척추동물**을 가리지 않고 먹는답니다.

이 작은 도마뱀붙이는 **나미비아 해안 사막**에서 살아요. 가느다란 다리에 **물갈퀴 달린** 커다란 발로 기다란 **굴**을 판 다음, 그 안에서 낮 동안 쉬지요.

학명 : 파키닥틸루스 란게이 (Pachydactylus rangei)
식성 : 곤충류
길이 : 약 15센티미터
서식지 : 사막
수명 : 약 5년
위험도 : 낮음
번식 : 두 개의 알을 모래에 낳아요.

발에 물갈퀴가 달려서 사막의 모래에 가라앉지 않으면서 다닐 수 있어요. 발가락에는 끈끈한 빨판도 있어 무엇이든 타고 오르기 좋지요.

커다란 눈의 동공이 **세로**여서 **어둠** 속에서도 앞을 잘 볼 수 있어요. 눈을 보호하는 투명한 **눈꺼풀**을 자주 **핥아** 깨끗하게 유지하지요.

아르마딜로갑옷도마뱀

아르마딜로갑옷도마뱀은 도마뱀 가운데서도 아주 특이해요. 최대 60마리까지 모여 살지만, 서로 친척이 아닐 수도 있지요. 게다가 **납작한** 머리와 꼬리를 지녀서 좁다란 **바위틈**을 비집고 들어가 숨어 지낸답니다.

이름에 '아르마딜로'가 붙은 건 **몸을 보호할 때**의 모습이 꼭 아르마딜로 같아서예요. 위협을 느끼면, 곧바로 입으로 꼬리를 문 채 몸을 **공**처럼 둥글게 말거든요. 온몸이 가시처럼 뾰족하면서도 무척 단단한 비늘로 둘러싸여, 천적이 잡아먹을 엄두를 내지 못하지요.

- 학명 : 오우로보루스 카타프락투스 (Ouroborus cataphractus)
- 식성 : 곤충류
- 길이 : 약 10센티미터
- 서식지 : 사막
- 수명 : 약 20년
- 위험도 : 낮음
- 번식 : 난태생으로, 새끼를 한두 마리 정도만 낳아요.

이 도마뱀은 억센 **턱**을 지녀 **무는 힘**이 상상을 초월해요. 무는 동시에 몸까지 **말아** 더 큰 충격을 입히지요.

싸울 땐 상대의 팔다리를 댕강 끊어 낼 수도 있어요.

녹색아놀도마뱀

녹색아놀도마뱀은 주로 나무에 살며, **잎사귀**나 덤불 사이로 몸을 감춰요. 발가락에 **끈끈한** 빨판이 있어서 거의 **수직**으로 가파른 나무나 울타리도 쉽게 오르내릴 수 있답니다. 천적으로부터 도망치기에도 정말 좋지요!

- 학명 : 아놀리스 카롤리넨시스 (Anolis carolinensis)
- 식성 : 곤충류
- 길이 : 약 20센티미터
- 서식지 : 숲
- 수명 : 약 8년
- 위험도 : 낮음
- 번식 : 축축한 흙에 알을 낳아요.

수컷은 머리를 까딱거리며 목 아래로 처진 **붉은 피부**를 불룩하게 부풀려요. 그러면 이 눈에 띄는 독특한 피부가 암컷의 시선을 끌고, 짝을 맺을 수 있답니다.

히익…!

이 도마뱀은 **미국 남동부** 전역에서 볼 수 있어요.

수컷은 저마다 **영역**이 있어요. 한 개체당 50~100제곱미터 크기의 영역을 지니지요. 몸집이 클수록 영역의 크기도 커진답니다.

43

멕시코지렁이도마뱀

지렁이처럼 보이는 외모에 속지 마세요. **분홍색** 몸통에 고리 모양의 마디까지 있지만, 지렁이가 아닌 파충류예요. **작은 눈**을 보면, **땅속**에서 사는 동물이란 걸 알 수 있지요. 선선할 때에는 땅 위에서 지내다가 더워지면 땅속 깊이 들어간답니다.

학명 : 비페스 비포루스 (Bipes biporus)
식성 : 곤충류
길이 : 약 24센티미터
서식지 : 건조한 지역
수명 : 약 3년
위험도 : 낮음
번식 : 보통 두 개의 알을 낳고, 2년에 한 번씩 번식해요.

멕시코지렁이도마뱀은 좀처럼 땅굴 밖으로 나오지 않아요. 만일 나온다면, 그건 밤에 먹잇감을 찾기 위해서지요.

이 도마뱀은 개미, 애벌레, 지렁이, 온갖 작은 무척추동물 등 잡아 삼킬 수 있는 것이라면 뭐든지 **먹어요**.

작은 **눈** 탓에 시력이 좋지 않아서 땅으로 전해지는 진동을 따라 먹잇감을 쫓아요.

굴을 팔 때는 단단한 **머리**로 흙을 미는 동시에 앞발로 흙을 파면서 굴을 만들어 가요. **유일한 다리**인 앞다리는 뭉툭하지만 아주 튼튼하답니다. 다리 끝에 난 **발톱**으로 흙을 파내고 단단히 다질 수 있지요.

무지개아가마

무지개아가마는 뱀목 아가마과에 속해요. 대장 수컷이 자신의 **영역**에서 여러 암수를 거느리며 살아가요. **무리** 지어 다니는 습성이 있고, 특정 나무나 바위 등 물체를 중심으로 작은 왕국을 세운답니다.

밝은 **햇빛** 아래에 있는 수컷은 머리부터 발끝까지 선명한 **원색**을 띠어요. 진한 주황색 머리 아래로 파란색 등이 이어져 있고, 옆구리에는 노란색 점이 박혀 있지요. 기다란 꼬리에는 진한 파란색이나 청록색, 또는 붉은 빛의 줄무늬가 있답니다.

학명 : 아가마 아가마 (Agama agama)
식성 : 곤충류
길이 : 약 25센티미터
서식지 : 초목이 우거진 사바나
수명 : 약 25년
위험도 : 낮음
번식 : 깊이 5센티미터 구멍 속에 최대 7개까지 알을 낳아요.

몸에 있는 색깔은 번식 철에 더 선명해져요.

수컷이 이따금 **머리**를 까딱이며 목 주변 피부를 부풀리거나 몸 색깔을 바꿀 때가 있는데, 이런 경우 둘 중 하나를 뜻해요.

만약 주변에 다른 수컷이 있다면, 자신의 힘을 과시하거나 도전하는 행동일 거예요. 주변에 암컷이 있다면, 암컷의 관심을 끌어 짝을 맺으려는 행동일 확률이 높지요.

바실리스크도마뱀

온순한 성격을 지닌 바실리스크도마뱀은 등에 높다란 **볏**이 나 있어요. 수컷은 머리와 꼬리에도 볏이 있지요. 낮에는 먹이를 찾거나 냇가에서 쉬며 시간을 보내요. 밤이 오면, 최대 20미터 이상의 높은 나뭇가지에 올라 나뭇잎 사이로 **안전하게** 몸을 숨기지요.

천적을 피해 달아나거나 먹이를 쫓을 땐 뒷다리로 똑바로 선 채 물 위를 달려요! 최대 **20미터** 거리까지 물에 가라앉지 않은 채 달릴 수 있답니다. 달리는 속도는 **시속 24킬로미터**에 달해요.

학명 : 바실리스쿠스 바실리스쿠스 (Basiliscus basiliscus)
식성 : 잡식
길이 : 약 80센티미터
서식지 : 숲
수명 : 약 7년
위험도 : 낮음
번식 : 2~18개의 알이 든 알 집을 여러 개 낳아요.

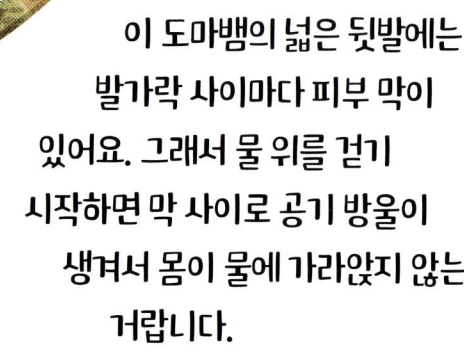

이 도마뱀의 넓은 뒷발에는 발가락 사이마다 피부 막이 있어요. 그래서 물 위를 걷기 시작하면 막 사이로 공기 방울이 생겨서 몸이 물에 가라앉지 않는 거랍니다.

유럽무족도마뱀

유럽무족도마뱀은 기다란 **원통형**의 몸을 지녀 종종 **뱀**으로 착각하는 사람이 많아요. 하지만 사실은 다리가 없는 **도마뱀**이랍니다. **습한** 지역의 풀밭이나 숲속, 밭, 과수원 등에서 이른 아침이나 저녁 어스름쯤 발견돼요. 주로 **땅속** 굴에서 지내는 걸 무척 좋아하지요. 부드러운 피부에는 단단하고 가시 같은 판이 숨어 있어요. 그래서 **땅을 잘 팔 수 있지만**, 몸을 움직일 땐 조금 뻣뻣해요.

학명 : 안구이스 프라길리스 (Anguis fragilis)
식성 : 육식
길이 : 약 40센티미터
서식지 : 수풀이 우거진 습지
수명 : 약 50년
위험도 : 낮음
번식 : 난태생으로, 얇고 투명한 막에 싸인 새끼를 6~8마리 낳아요. 새끼들은 태어나자마자 스스로 막을 찢고 나와요.

이 도마뱀의 몸통은 대부분 **꼬리**예요. 천적의 공격을 받는 위급한 상황에서 이 꼬리를 **쉽게 떼어 낼 수 있어요**. 영락없는 도마뱀이지요.

하지만 꼬리가 다시 자라려면 **오랜 시간이 걸려요**. 많은 유럽무족도마뱀의 꼬리가 뭉툭한 이유랍니다.

아메리카독도마뱀

아메리카독도마뱀은 검은색, 분홍색, 주황색, 노란색이 모여 다채로운 모자이크를 그리는 올록볼록한 **비늘** 때문에 **사마귀가 잔뜩 난 것처럼 보여요.** 이렇게 선명한 비늘은 매력적으로 보이기 위한 것이 아닌, 다른 동물들에게 멀리 떨어지라고 경고하기 위한 것이지요. 도마뱀 중에서 드물게도 **독**이 있답니다.

이 도마뱀은 건조한 환경을 무척 좋아해요. 그러면서도 몸에 있는 수분을 최대한 잃지 않기 위해 굴속이나 바위 아래에서 주로 지내요.

침에 독이 있어요!

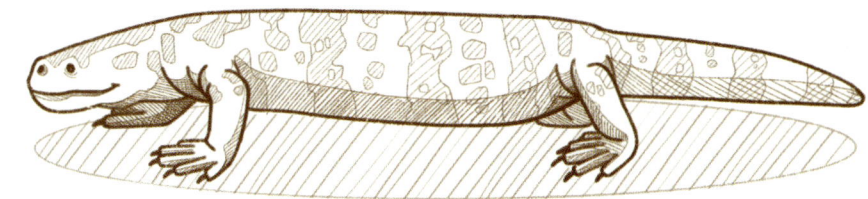

학명 : 헬로데르마 수스펙툼
   (Heloderma suspectum)
식성 : 육식
길이 : 약 56센티미터
서식지 : 건조한 지역
수명 : 약 20년
위험도 : 중간
번식 : 알을 최대 12개까지 낳아요.

영어로는 '힐라몬스터'라고 불리는데, **미국 남서부**를 흐르는 **힐라강**에서 유래한 이름이에요. 한때는 이 근처에 아메리카독도마뱀이 많이 살았기 때문이지요. 하지만 오늘날엔 이곳에서 마주칠까 걱정할 필요가 없을 정도로 잘 발견되지 않아요.

이 독은 먹잇감을 사냥할 때보다는 **천적에게 맞설 때** 주로 사용해요. 천적을 세게 **물고**는 천천히 잘근잘근 씹으며 살을 찢은 다음, 상처 안으로 독을 집어넣어요. 위턱을 쓰는 뱀과 달리, 이 도마뱀은 아래턱에 난 샘에서 독을 만들어요.

코모도왕도마뱀

코모도왕도마뱀은 보기에도 정말 **무시무시**해요. 오늘날 세상에 있는 모든 **도마뱀** 중에 가장 몸집이 크고 무겁거든요. 게다가, 길고 끝이 둘로 갈라진 **혀**를 쉬지 않고 계속 날름거리지요. 죽어 가는 동물이나 썩은 동물 사체를 찾아 빽빽하게 들어찬 덤불 속을 위협적으로 돌아다닌답니다.

학명 : 바라누스 코모도엔시스
(Varanus komodoensis)
식성 : 육식
길이 : 약 3미터
서식지 : 열대 우림
수명 : 약 30년
위험도 : 높음
번식 : 땅에 팬 구멍이나 주인 없는 새의 둥지에 알을 20개쯤 낳아요.

이 도마뱀은 인도네시아 코모도 섬의 유일한 거대 포식자랍니다.

코모도 섬

성질이 **사납고 공격적**이며, 수컷들끼리 잘 싸워요. 마치 **스모 선수**들처럼 마주 본 채 뒷다리를 딛고 일어서서는, 서로를 **쓰러뜨리려** 밀쳐 대지요.

우락부락한 근육질 몸도 위협적이지만, 이 도마뱀이 가진 **비장의 무기**는 침 속에 든 치명적인 **독**이에요. 먹잇감을 물어 찢은 상처 틈으로 독을 집어넣으면, 독이 퍼진 먹잇감은 점점 약해지다 이틀 뒤에 죽지요.

첫 공격에 먹잇감의 숨통이 끊기지 않으면, 먹잇감이 죽기까지 한참을 기다렸다 잡아먹어요.

투아타라

얼핏 도마뱀처럼 보이겠지만, 도마뱀이 아니에요. 투아타라는 **옛날 옛적부터** 도마뱀과는 다른 종류로 나뉜 **고유한 종**이지요. **2억 년 전**만 해도 지구상에 투아타라의 조상이 많았다고 해요. 오늘날 투아타라는 **뉴질랜드** 근처 섬에만 살아가요. 종종 바다 새와 굴을 같이 쓰며 바다 새의 새끼나 다른 작은 파충류, 곤충 등을 먹어요.

투아타라는 뉴질랜드 원주민인 마오리족의 언어로 '**가시 돋친 등**'을 의미해요. 등에 **세모난 가시** 같은 피부 막이 있지요. 수컷은 암컷에게 **구애**하거나 자기 **영역**을 지킬 때 이 부위를 바짝 세워 자신의 힘을 과시한답니다.

학명 : 스페노돈 푼크타투스 (Sphenodon punctatus)
식성 : 육식
길이 : 약 60센티미터
서식지 : 뉴질랜드 바위섬
수명 : 약 100년
위험도 : 낮음
번식 : 4년에 한 번씩 알을 낳아요. 알을 낳는 데 오래 걸리지요.

투아타라는 마오리어로 '가시 돋친 등'을 뜻해요.

투아타라의 신기한 특징 중 하나는 머리 위에 있는 **세 번째 눈**, '두정안'이에요. 부화한 지 얼마 되지 않은 새끼에게만 나타나며, 시간이 흐르면 **비늘**로 덮여요.

사실, 이 두정안은 뭔가를 보기보다는 자외선을 흡수해 시간이나 계절을 파악하도록 해 줘요.

이렇게 머리 위쪽에 두정안이 있어요!

미시시피악어

학명 : 알리가토르 미시시피엔시스
(Alligator mississippiensis)
식성 : 육식
길이 : 약 4미터
서식지 : 습한 민물
수명 : 약 50년
위험도 : 높음
번식 : 한배에 알을 평균 40개 낳아요.
주로 밤에 알을 낳고, 다 낳으려면
한 시간이 걸릴 수도 있어요.

미국 최대 파충류인 미시시피악어에게 습한 늪지대는 살기 좋은 환경이에요. 입안에는 **원뿔 모양의 이빨이 80개**쯤 있는데, 이빨이 닳거나 빠지면 다시 자라요. 평생 **이빨이 3,000개**나 자랄 수 있지요. 이 악어는 앨리게이터 악어에 속해요. 크로커다일 악어와 달리, 입을 다물었을 때 아래턱에 난 네 번째 이빨이 밖으로 삐져나오지 않아요.

육식을 즐기며, 가리는 것 없이 상황에 맞춰 먹어요. 입에 넣을 수만 있으면 뭐든 삼키고, 가끔은 과일도 삼킨답니다. **물속**에서 사냥할 땐 아주 재빠르고 민첩한 모습을 보여요.

어떤 미시시피악어는 잔가지를 머리 위에 미끼 삼아 얹고서 둥지 재료를 찾는 새들을 유인하기도 해요.

미시시피악어의 무게는 최대 350킬로그램이 넘고,
길이는 최대 4미터가 넘어요.

이 악어는 수컷이 암컷에게 **구애하는 방법**이 독특해요. 가슴 깊이 공기를 들이마셨다가 크고 우렁찬 으르렁 소리를 낸답니다. 이와 동시에, 머리로 첨벙거리고 몸을 떨면서 주변에 **물보라**를 일으키지요.

안경카이만

안경카이만은 강기슭에서 꾸벅꾸벅 **졸거나** 물속에 반쯤 잠긴 채 가만히 있는 온순한 악어예요. 하지만 위급할 땐 **재빨리 헤엄칠 준비**가 되어 있어요. 기다랗고 **납작한 꼬리**로 거세게 물을 저으며 나아가고, **물갈퀴 달린 발로** 방향을 자유자재로 바꾸지요.

눈 주위로 **뼈처럼 툭 튀어나와 도드라진 부위**가 있어서, 가까운 계통인 미시시피악어와 구분돼요.

- **학명**: 카이만 크로코딜루스 (Caiman crocodilus)
- **식성**: 육식
- **길이**: 약 3미터
- **서식지**: 습한 민물, 바다
- **수명**: 약 40년
- **위험도**: 높음
- **번식**: 영역 안에 있는 진흙과 나뭇가지를 가져다 1.2미터 너비로 보금자리를 짓고 그 안에 알을 낳아요. 암수 모두 알을 지키고, 알에서 부화한 새끼도 돌본답니다.

얼굴 위로 안경을 쓴 듯한 외모에 '안경카이만'이라는 이름이 붙었어요.

이 악어는 물속에서 시간 상관없이 먹고 살지만, 사실 **밤**에 먹잇감을 기습해 사냥하는 걸 좋아해요. 조용히 **꼼짝하지 않고** 먹잇감이 다가오기를 기다렸다가 갑자기 뛰어올라, 뾰족한 **이빨**이 잔뜩 난 입으로 먹잇감을 물지요.

가비알

아시아가 원산지인 가비알은 생김새가 특이해요. 길고 **좁은 주둥이**가 눈길을 사로잡는데, 나이가 들수록 주둥이가 가늘어져요. 입에는 **작고 뾰족한 이빨이 110개**쯤 있는데, 면도날처럼 날카로워서 물고기를 잡기 좋아요. 머리를 좌우로 마구 흔들며 물고기를 제압하지요. 주로 먹이가 있는 강가에서 지내요.

학명 : 가비알리스 간게티쿠스 (Gavialis gangeticus)
식성 : 육식
길이 : 약 6미터
서식지 : 강
수명 : 약 50년
위험도 : 중간
번식 : 강기슭 모래에 알을 최대 100개까지 낳아요.

가비알이라는 이름은 '**토기**'를 의미하는 힌디어 'ghara(가라)'에서 유래했어요. 다 자란 수컷의 주둥이 끝에 토기를 닮은 **둥근 혹**이 있거든요.

수컷은 혹으로 암컷을 유혹해요. 물속에서 혹으로 공기 방울을 만들고, 윙윙 소리를 내며 구애하지요.

둥글납작한 혹

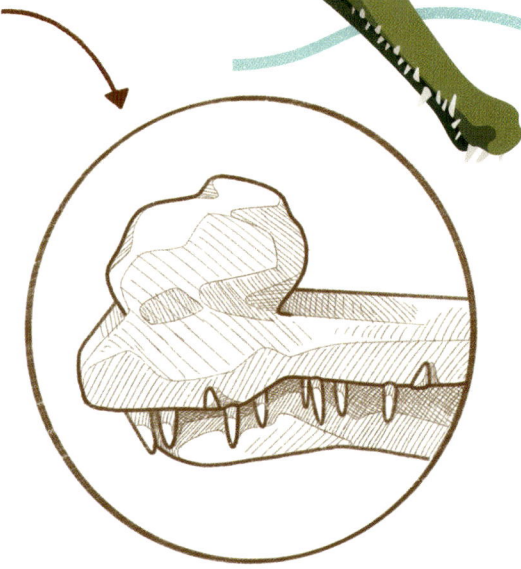

가비알의 눈에 있는 망막 뒤에는 '**반사판**'이라는 거울 같은 구조가 있어요. 덕분에 눈에서 빛을 더 많이 흡수하고 물체를 선명하게 볼 수 있어요. 그래서 가비알은 **밤눈**이 밝답니다. 달빛 아래 가비알의 눈은 초롱초롱 반짝이지요.

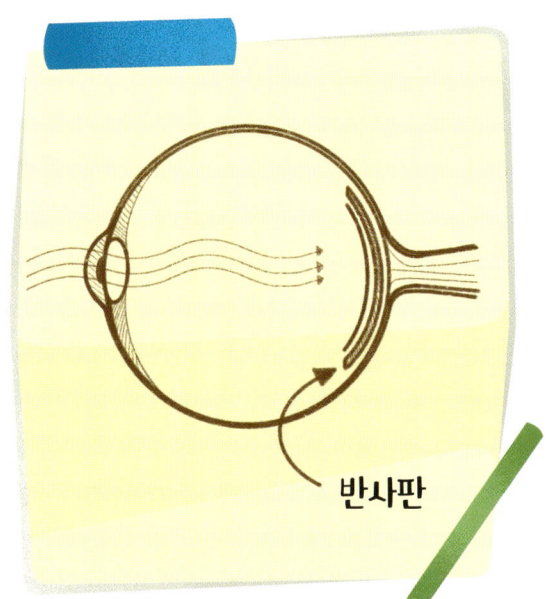

반사판

59

나일악어

나일악어는 사나워 보이지만, 사실 다른 악어들과 어울리는 걸 무척이나 좋아해요.

다른 악어와 옹기종기 모여 햇볕을 쬐고 먹이를 나눠 먹기도 해요. 하지만, 이때 서열은 반드시 지켜야 해요. 나이가 가장 많고 몸집이 큰 수컷이 먹이를 먼저 먹고, 강기슭의 가장 좋은 자리도 차지하지요.

학명 : 크로코딜루스 닐로티쿠스 (Crocodylus niloticus)
식성 : 육식
길이 : 약 6미터
서식지 : 습한 민물
수명 : 약 45년
위험도 : 높음
번식 : 물에서 수십 센티미터 떨어진 모래에 구멍을 파고, 그 속에 알을 최대 80개까지 낳아요. 부화할 때까지 알을 지키지요.

그런데 이름과는 달리, 나일강 근처에만 살지는 않아요. **사하라** 사막 이남 **아프리카** 대부분이나, **마다가스카르**에서도 발견된답니다.

땅과 물을 오가며 살고, 서식지 주변에는 반드시 강이나 습지, 맹그로브 숲이 있어야 해요. 그래야 먹이도, 쉴 곳도 찾을 수 있지요.

완전히 물에 잠길 땐 물이 들어오지 않도록 콧구멍이 닫히는 탓에 익사하기도 한답니다.

따뜻한 물속에서는 **15분** 동안, 그리고 찬물에서는 **8시간**이나 숨을 참을 수 있어요. 그 이유는 찬물에서 오히려 에너지 소모가 적기 때문이에요.

바다악어

바다악어는 **호주 북부**에서 **동남아시아**까지 널리 퍼져 살아가요. 이름에서 짐작할 수 있듯, 주로 바다 근처에서 살아가지요. 수백 킬로미터 거리를 몇 주간 헤엄치며 지낼 수 있는데, 주로 먹이를 잡을 때 먹이를 따라가며 이렇게 길게 이동해요. 바다악어의 몸무게는 **700킬로그램**까지 나가요. 무척 거대하지요! 한편, 호주의 한 전설에 따르면, 바다악어는 한쪽 눈을 뜨고 잘 수 있다고 해요.

학명 : 크로코딜루스 포로수스
     (Crocodylus porosus)
식성 : 육식
길이 : 약 6미터
서식지 : 습지, 연안(강과 바다가 잇닿은 육지)
수명 : 약 70년
위험도 : 높음
번식 : 수생 식물을 겹쳐 보금자리를 만들고, 그 속에 알을 최대 90개까지 낳아요. 부화할 때까지 알을 지키지요.

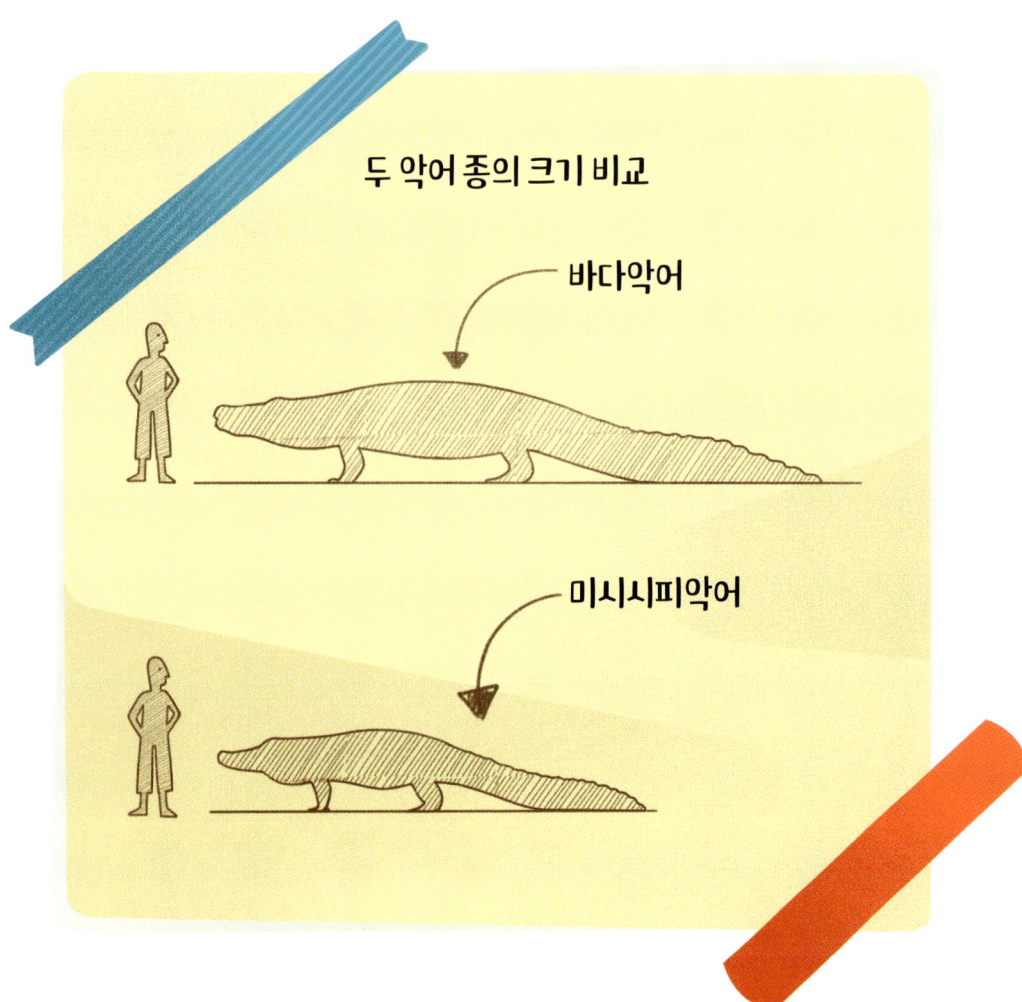

두 악어 종의 크기 비교
바다악어
미시시피악어

한쪽 눈을 뜨고 잔다는 게 황당한 이야기 같지만, 몇몇 동물학자가 사실로 밝혀 냈어요. 한쪽 뇌가 잠들 때는 다른 쪽 뇌가 깨어서, 자는 동안에도 깨어 있는 뇌와 연결된 한쪽 눈을 뜰 수 있는 거예요. 이렇게 바다악어는 주변의 상황을 경계한답니다.

바다악어는 **울음소리**로 의사소통을 해요. 갓 부화한 새끼는 **짹짹 소리**를 내어 어미의 관심을 끌고, 형제들이 모두 모이게 하지요. 다 자라고 나면 위협을 느낄 때 낮게 **으르릉거려요**.

수컷은 번식 철에도 으르릉대며 암컷을 유혹해요.

글 크리스티나 반피
밀라노 대학교에서 자연 과학을 전공했습니다. 다양한 학교에서 과학을 가르치며 20년 이상 과학적 소통과 놀이를 통한 교육 활동을 해 왔습니다. 이러한 경험을 바탕으로 과학 및 교육 분야에서 편집 경험을 쌓았고, 특히 아동 및 청소년을 위한 다양한 책을 쓰고 있습니다.

그림 로셀라 트리온페티
1984년에 태어나, 어린 시절 서점과 도서관에서 동물 그림책을 즐겨 보며 일찍이 그림의 세계에 관심을 가졌습니다. 대학교에서 응용 예술 학위를 받고, 다양한 일러스트레이션과 그래픽 작업을 해 왔습니다. 지금은 어린이 책의 일러스트레이터 겸, 앱과 게임의 디자이너로 일하고 있습니다.

옮김 김시내
홍익대학교 신소재공학과를 졸업하고 기업에서 연구원으로 일했습니다. 현재는 바른번역 글밥아카데미를 수료한 뒤 번역가로 활동하고 있습니다. 옮긴 책으로 《말하는 나무들》, 《은근히 이상하고 놀라운 동물》, 《은근히 이상하고 더러운 동물》 등이 있습니다.

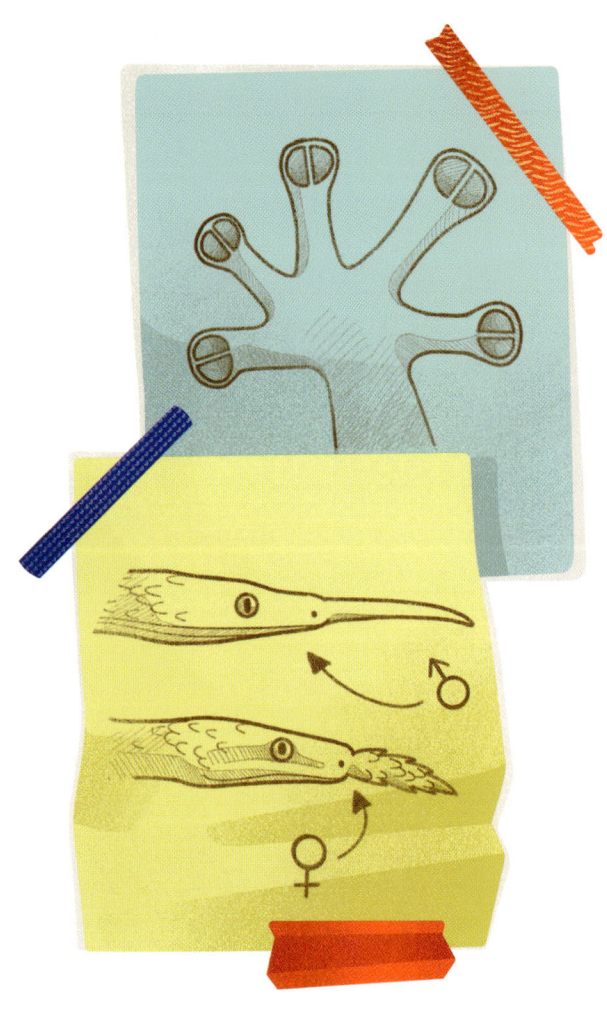

은근히 이상하고 엄청난 파충류

초판 1쇄 발행 2025년 5월 29일 | **글** 크리스티나 반피 | **그림** 로셀라 트리온페티 | **옮김** 김시내
펴낸곳 보랏빛소 | **펴낸이** 김철원 | **책임편집** 윤선주 | **디자인** 진선미 | **마케팅·홍보** 이운섭
출판신고 2014년 11월 26일 제2015-000327호 | **주소** 서울시 마포구 양화로1길 29 2층
대표전화·팩시밀리 070-8668-8802 (F)02-323-8803 | **이메일** boracow8800@gmail.com
ISBN 979-11-94356-51-6 (74490)

White Star Kids® is a registered trademark property of White Star s.r.l.
ⓒ 2021 White Star s.r.l.
Piazzale Luigi Cadorna, 6 20123 Milan, Italy
www.whitestar.it

All rights reserved. No part of this book may be reproduced, transmitted,
or stored in an information retrieval system in any form or by any means, graphic, electronic,
or mechanical, including photocopying, taping, and recording,
without prior written permission from the publisher.

KOREAN language edition ⓒ 2025 by Borabit So Publishing Co.
KOREAN language edition arranged with White Star s.r.l. through POP Agency, Korea.

• 이 책의 한국어판 저작권은 팝 에이전시(POP AGENCY)를 통한 저작권사와의 독점 계약으로 보랏빛소가 소유합니다.
• 신 저작권법에 의하여 한국 내에서 보호를 받는 저작물이므로 무단전재와 무단복제를 금합니다.

어린이제품 안전특별법에 의한 제품 표시사항
제조자명: 보랏빛소 | 제조국명: 대한민국
제조년월: 2025년 5월 | 사용연령: 4세 이상